SOMMAIRE

INTRODUCTION

L'Oracle de la Mer est un cadeau de l'océan à votre âme. Un guide puissant pour vous accompagner dans les eaux changeantes de la vie.

Chaque carte vous relie à la sagesse des mers et des océans ainsi qu'à votre propre intuition. Plongez-vous dans le *flow* des quatre thèmes du jeu (voir p. 18 à 25) et découvrez les qualités de chacune des cartes de l'océan. Embarquez-vous dans une traversée de la mer, cultivez l'autocompassion, libérez-vous de tout ce qui ne vous sert plus, allez vers les aspirations les plus profondes de votre âme et vivez dans la gratitude et l'émerveillement.

Ce guide propose, pour chaque carte, des axes de réflexion, des bénédictions et des mantras. Il explique comment les utiliser pour une guidance approfondie, pour la contemplation, mais aussi pour vous aider à pratiquer la méditation, la pleine conscience et la bienveillance envers vous-même.

Utilisez les cartes pour dévoiler de nouvelles perspectives qui sauront encourager une introspection et des changements sensibles et positifs dans la façon dont vous vous sentirez et aborderez la vie.

À PROPOS DE MOI

Je vis dans les Cornouailles, sur la côte sud-ouest du Royaume-Uni, où je nage tout au long de l'année. Le temps que je passe, chaque matin, face à la mer, est une source d'inspiration et de bien-être, mais aussi une pratique dévotionnelle. Cela a permis de transformer ma vie (et mon travail) en bien et sur tous les plans – physique, mental et spirituel. Je dirige désormais une entreprise dans le domaine du bien-être et de la nature, qui s'appelle Sea Soul Blessings.

En me fondant sur la mer et sur mon expérience en tant qu'auteure, coach et organisatrice de retraite au bord de la côte, j'ai créé *L'Oracle de la Mer*, pour m'aider et pour aider les autres à surmonter les défis de la vie. Ces cartes tirent leur inspiration de ma première création en lien avec l'océan : les cartes et le livre *Sea Soul Blessings*.

Mon espoir est qu'en nous connectant plus intimement à la mer et en puisant dans sa sagesse pour nous guider, nous soyons capables de prendre soin de nous, des autres et du monde naturel qui nous nourrit. Stimulés par la force de la mer, nous pouvons la protéger en retour, préserver la nature et construire une société plus bienveillante. Tant d'actions qui pousseront les autres à en faire de même. Prenons soin de ce que nous aimons.

Découvrez mon parcours et mes produits sur mon site **www.SeaSoulblessings.com**, ou sur les réseaux sociaux **@SeaSoulblessings**.

POURQUOI LA MER ?

Même sans y prêter attention, la mer exerce une influence constante sur nos vies. Non seulement elle couvre 70 % de notre planète, mais elle joue aussi le rôle de thermostat mondial (en stockant la chaleur du soleil pour contrebalancer les fluctuations de température de la Terre qui sont de plus en plus nombreuses) et elle fournit la majeure partie de l'air que nous respirons. Elle nous offre également de la nourriture et un espace pour travailler, nous reposer et jouer.

Nos océans nous relient à tout et en tous lieux, puisque toutes les eaux finissent dans la mer. Et il en va de même pour nous, puisque nous sommes physiquement constitués d'eau. En effet, notre cerveau est composé à 80 % d'eau, tandis que l'eau représente 60 % du reste de notre corps. Pas étonnant donc que nous, les humains, soyons tant attirés par la grande bleue.

Nous nous tournons instinctivement vers la mer lorsque nous avons besoin de trouver la paix, la fluidité, une perspective plus large et une compréhension plus profonde de nous-mêmes. D'ailleurs, une étude actuelle confirme cet élan et soutient que se forger une relation plus étroite avec la nature permet de transformer son bien-être global. L'eau, en particulier, amplifie les propriétés apaisantes de la nature et nous permet d'atteindre un bonheur profond et durable. Le fait d'être dans la mer ou tout près d'elle – ou encore de penser à elle en visualisant des images telles que celles que vous trouverez dans ce jeu – permet d'activer notre « esprit bleu », qui nous rend plus calmes, plus lucides, plus connectés et plus créatifs.

Comme l'explique Wallace J. Nichols, biologiste marin, chercheur et auteur du livre *Blue Mind* : *« Le terme "esprit bleu" décrit l'état légèrement méditatif dans lequel nous sombrons, dès lors que nous sommes près, dans, sur ou sous l'eau, dit-il. C'est un antidote à ce que nous appelons "l'esprit rouge", c'est-à-dire l'état anxieux, très connecté et stimulé, qui est devenu la norme de notre vie moderne. »*

Les cartes de *L'Oracle de la Mer* sont là pour vous aider à trouver la paix et à passer d'un état d'esprit « rouge » à « bleu ». Elles explorent les bienfaits de la connexion à l'océan à travers quatre vertus transformatrices : l'autocompassion, le lâcher-prise, le fait d'aller de l'avant et l'état de gratitude et d'émerveillement. Ces vertus forment nos suites, que nous appellerons ici « thèmes ». Plus que jamais, nous avons besoin de la présence et de la sagesse de la nature pour parvenir à instaurer des changements positifs dans le monde, aussi bien à l'intérieur de nous-mêmes qu'au-dehors.

COMMENT UTILISER LES CARTES

Pour commencer, je vais vous présenter plusieurs manières d'utiliser votre *Oracle de la mer*, mais sachez qu'il en existe beaucoup d'autres. Ayez confiance en votre intuition pour déterminer ce dont vous avez besoin et les cartes s'exprimeront en ce sens. Vous trouverez des explications détaillées de chacun des thèmes et de chacune des cartes, dans le chapitre « Interpréter les cartes », p. 15.

Vous pouvez utiliser vos cartes partout. Cependant, vous en servir à proximité de la mer ou de l'eau enrichira votre expérience, car cela offrira un cadre dynamique qui renforcera les messages des cartes et approfondira votre connexion à la nature. Où que vous soyez, tirez simplement une, deux ou trois cartes afin d'interpréter la guidance de la mer ou pour vous aider à vous apaiser si vous traversez un moment de doute ou une vague d'anxiété.

TIRAGES À UNE CARTE

Commencez par faire le vide. Calmez-vous et respirez. Puis, identifiez une question ou un domaine pour lequel vous avez besoin de la sagesse de la mer.

Choisissez intuitivement votre carte. Vous pouvez battre les cartes avant de les étaler devant vous sans les retourner, piocher dans le paquet ou bien lancer un caillou ou un coquillage et voir sur quelle carte il atterrit. Utilisez la totalité du paquet ou bien explorez un thème en particulier, en tirant une carte de ce thème uniquement.

Notez votre première réaction et observez votre réponse intuitive. Quel sentiment vous procure cette carte ? À quel aspect de votre vie vous renvoie-t-elle ? Quelle difficulté s'impose à vous ?

En vous plongeant dans l'image et le message de la carte, vous pouvez lire les mots à haute voix afin de vous imprégner de la bénédiction de l'océan ou bien imaginer que l'énergie de la mer traverse chaque cellule de votre corps.

TIRAGES À DEUX CARTES

Pour approfondir votre lecture, vous pouvez tirer une seconde carte. Lisez chacune des descriptions et voyez comment ces deux vertus de l'océan peuvent s'allier pour vous offrir un message plus spécifique.

Par exemple, si vous tirez la carte « FLUIDITÉ » suivie de la carte « ESPOIR », vous devez garder espoir face à des changements qui s'opèrent dans votre vie ou bien changer d'attitude envers l'espoir du changement. Si vous tirez la carte « RÉVÉLATION » suivie de la carte « VOYAGE », cherchez quelle vérité doit être révélée pour vous aider à progresser ou quelles étapes vous devez franchir pour entamer une nouvelle aventure.

TIRAGE À TROIS CARTES

Utilisez ce tirage pour obtenir des réponses face à une problématique ou une question précises ou pour obtenir une guidance générale à l'instant *t*, dans votre vie.

Utilisez le jeu tout entier, battez les cartes et tirez trois cartes. Disposez-les de gauche à droite. La première carte représente votre passé récent, la deuxième le présent et la troisième le futur.

Notez les interactions entre les messages et les thèmes des cartes. Qu'est-ce qui coïncide et qu'est-ce qui se contredit ? Comment chaque carte interagit-elle avec la suivante, en offrant une nouvelle perspective ? Les questions suivantes peuvent vous aider à interpréter la lecture :

CARTE N°1: LE PASSÉ

Qu'ai-je besoin de comprendre à propos du passé ?

Se peut-il que je m'accroche à quelque chose qui n'est pas bon pour moi ?

CARTE N°2: LE PRÉSENT

En quoi cette carte reflète-t-elle ma situation et mes besoins actuels ?

Qu'ai-je besoin de savoir aujourd'hui ?

CARTE N°3: LE FUTUR

Vers quoi est-ce que je me dirige et comment puis-je y arriver ?

Que puis-je changer ?

DÉVELOPPER UNE PRATIQUE RÉGULIÈRE

Utiliser vos cartes régulièrement vous permet de mieux comprendre la sagesse de la mer et d'aller de l'avant, vague après vague.
En faisant preuve d'assiduité, votre pratique peut devenir un puissant rituel à partager avec vos proches, afin de faire une pause et de réfléchir ensemble. Vous pourrez également avoir envie de placer la carte ou les cartes de votre choix dans un endroit visible, duquel elles pourront vous rappeler constamment leur message.

Pour vous encourager à l'action, une fois que vous avez tiré une carte, marquez une pause et demandez-vous quelle petite mesure vous pourriez prendre dès à présent pour vous connecter à la vertu de l'océan qu'elle représente. Ensuite, cherchez à retrouver cette qualité tout au long de votre journée, en observant son absence ou bien son influence.

TIRAGE QUOTIDIEN

Mettez en place un rituel quotidien en tirant une carte chaque jour. Vous pouvez le faire le matin pour vous guider tout au long de la journée ou le soir pour réfléchir à ce que vous avez vécu pendant la journée.

TIRAGE HEBDOMADAIRE

Tirez une carte chaque semaine qui agira comme un guide. Vous pouvez choisir une carte au hasard ou bien tirer une à une les cartes sur le dessus du paquet. Étant donné que vous passez plus de temps avec chaque carte, observez comment la vertu de l'océan qu'elle incarne s'inscrit dans votre vie. Tous les trois mois, faites une pause d'une semaine pour coucher vos réflexions par écrit.

TIRAGE MENSUEL

Au début du mois, tirez quatre cartes, une pour chacune des quatre semaines du mois à venir. Vous pouvez choisir des cartes au sein d'un même thème ou une carte de chaque thème ou encore les tirer au hasard. À la fin du mois, prenez le temps de réfléchir à tout ce que vous avez appris en travaillant avec ces quatre cartes.

VOTRE CARTE-GUIDE DE L'ANNÉE

Vous pouvez tirer votre carte de l'année à n'importe quel moment, mais nombreux sont ceux qui créent un rituel au Nouvel An. Tirez une seule carte-guide et reprenez-la chaque mois, pendant un an, pour revenir sur vos expériences. Vous pouvez écrire et créer des choses en lien avec la vertu concernée ou discuter de votre progression avec un ami, un coach ou un guérisseur, pour constater l'évolution de vos expériences et de vos réactions.

ITINÉRAIRES DE LA MER: à pratiquer tout au long de l'année

J'ai mis au point quatre itinéraires de la mer pour vous guider à travers chacun des thèmes, en suivant l'ordre qui vous est proposé.

Au cours de l'année, vous parcourrez ainsi le jeu tout entier et explorerez, un à un, les quatre thèmes de la mer. Chaque semaine, concentrez-vous sur une nouvelle carte, en utilisant les pratiques présentées dans ce guide. À la fin de chaque voyage de douze semaines, marquez une pause pendant une semaine afin de réfléchir à ce que vous avez appris.

Sinon, vous pouvez également choisir le thème qui résonne le plus en vous et explorer chaque mois une nouvelle carte de ce thème. À l'instar des marées, vous pouvez parcourir ce cycle plusieurs fois dans chaque thème, car il y a toujours plus à apprendre.

Pour mettre en place une pratique de méditation autour d'un thème spécifique, rassemblez les cartes de ce thème dans l'ordre décrit dans la section « Les quatre thèmes » (voir p. 18 à 25) et lisez à haute voix les prières de bénédiction associées à chaque carte, en faisant une pause après chaque carte pour respirer et méditer sur ce que vous venez de lire.

Vous pouvez en faire de même avec les mantras. Ceux-ci sont également listés dans la section « Les quatre thèmes » et vous donnent un aperçu du contenu de chaque itinéraire.

PRATIQUES BIEN-ÊTRE COMPLÉMENTAIRES

Combinez le pouvoir de la mer avec d'autres pratiques bien-être transformatrices pour en approfondir les bienfaits. Vous pouvez utiliser vos cartes pour développer et mettre en place des rituels réguliers pour le bien-être, créer votre routine de soins personnels, surmonter un problème particulier ou éliminer un blocage.

MÉDITATION : mantras et visualisation

Pour plus de paix et de lucidité, vous pouvez utiliser les mantras listés dans la section « Les cartes » (p. 29 à 59) dans le cadre d'une pratique méditative régulière. Asseyez-vous, respirez profondément et répétez le mantra de votre choix. Vous concentrer sur ce mantra vous aide à apaiser et à clarifier votre esprit. Vous pouvez également utiliser l'image sur la carte comme un outil de visualisation, pour vous imaginer près de l'océan.

TENUE D'UN JOURNAL : pistes de réflexion

Pour mieux vous comprendre et prendre conscience de vous-même, inspirez-vous des cartes pour vous livrer à l'écriture libre ou tenir un journal. Par écrit, posez-vous les questions suivantes : *que signifie maintenant, pour moi, cette carte ? Me fait-elle penser à quelque chose que je pourrais vivre ou que j'ai vécu aujourd'hui ?* Vous pouvez aussi tirer une carte avant d'aller dormir et noter vos rêves dans un carnet au réveil.

PLEINE CONSCIENCE : l'expérience physique

Pour vivre l'instant présent, portez votre attention sur ce que vous pouvez voir, sentir, entendre, goûter et toucher, avant de tirer votre carte.

Si cela est difficile pour vous, commencez par sentir le sol sous vos pieds ou frottez doucement vos mains. Quelles sensations ressentez-vous en touchant et en étant touché ? Observez et nommez les émotions qui vous traversent, sans essayer de les changer.

Alors que vous choisissez votre carte, restez connecté à vos sensations physiques. Observez le toucher de la carte dans votre main. Sentez son poids et sa texture. Quelle réaction physique observez-vous en découvrant l'image et les mots qui lui sont associés ? Dans quelle partie de votre corps ressentez-vous la vertu indiquée sur la carte ?

L'AUTOCOMPASSION : Être plus bienveillant envers soi-même

Pour faire preuve de plus de bienveillance envers vous, utilisez vos cartes comme un outil pour établir un lien plus tendre avec vous-même. Elles constituent le rappel simple, mais puissant que vous méritez repos et affection et que vous êtes aimé.

En tirant votre carte et en lisant les mots qu'elle contient, offrez-vous un contact apaisant et placez, par exemple, votre main sur votre cœur. Imaginez qu'un ami cher vous lit avec amour la prière de bénédiction.

Plus vous prendrez l'habitude de vous parler sciemment avec compassion, plus cela deviendra possible. Laissez les messages de la carte vous rappeler que vous n'êtes pas seul. Nous sommes tous connectés à travers l'eau. Nous faisons tous face à des difficultés et nous aimons tous donner et recevoir de la gentillesse.

OBJECTIF COMMUN : Événements spéciaux, groupes et soutien thérapeutique

Pour inspirer ou pour entrer en lien avec d'autres personnes, tirez une carte pour réunir un groupe de personnes et donner le ton de votre événement, qu'il s'agisse d'une fête, d'une baignade en mer, d'une retraite ou d'un cours de yoga ou d'une séance de guérison. Lisez à haute voix les phrases proposées dans ce livret, comme une bénédiction commune, ou tirez une carte pour convenir d'une intention et d'un objectif commun.

Dans le cadre d'un travail thérapeutique, de coaching ou de guérison, utilisez les mots et les images pour faciliter l'identification et l'expression des questions, des expériences et des émotions ou encore pour encourager une discussion ou une activité exploratoire.

INTERPRÉTER LES CARTES

Les cartes sont réparties en quatre thèmes : autocompassion, lâcher-prise, aller de l'avant, gratitude et émerveillement. Chaque thème est associé à un code couleur et est représenté par une image spécifique figurant au dos de chaque carte, ce qui vous permet d'explorer les cartes par thème si vous le souhaitez. Sinon, vous pouvez simplement tirer des cartes au hasard.

Dans les pages suivantes, je vous propose un ordre spécifique dans lequel lire les cartes de chaque thème à la manière d'un itinéraire (voir également p. 11 : « Itinéraires de la mer »).

Les cartes de chaque thème sont présentées par ordre alphabétique pour plus de facilité (p. 29 à 59). Sur le recto de chaque carte apparaît une image de la mer qui évoque la vertu citée sur la carte en question. Vous y trouverez également une courte prière de bénédiction, soit quelques mots envoyés à votre cœur par l'océan.

Outre ces mots, ce guide offre, pour chaque carte, des ressources et des inspirations complémentaires et notamment des bénédictions de la mer et un mantra. La réflexion évoque une sagesse de la mer plus profonde et souligne les aspects de la mer qui constituent la vertu particulière de cette carte. Les bénédictions offrent un petit message d'encouragement et d'autocompassion. Le mantra est une phrase positive qui peut être utilisée pendant la méditation, comme une affirmation ou comme une pensée d'ancrage à se rappeler dans les moments difficiles.

Les quatre thèmes

FAIRE PREUVE D'AUTOCOMPASSION

IMAGE DE FOND :
une vue abstraite de bandes de couleurs douces – sable doré, horizon turquoise, ciel gris-bleu.
COULEUR : bleu ciel

VERTUS DE L'OCÉAN :
pause, présence, permission, compassion, révélation, contentement, retenue, apaisement, résilience, reflet, immensité, appartenance.

MANTRA DE LA MER POUR L'AUTOCOMPASSION :

Dans ce moment calme face à l'océan, je trouve la paix.
Je suis présent(e) en pleine conscience.
Je fais de la place pour accueillir l'expérience.
J'accepte la souffrance avec courage et bienveillance.
Je découvre ce qui était caché.
Je suis digne d'amour tel(le) que je suis.
La mer me porte avec douceur.
Je respecte mes besoins, en sachant que
chaque vague finit par passer.
Alors que les défis me façonnent, mon âme brille.
Mon regard sur moi est lucide et plein de compassion.
Tout ce que je suis trouve ici sa place.
Nous sommes la goutte d'eau, la rivière et la mer infinie.

L'autocompassion nous aide dans les moments difficiles, en changeant notre motivation et le soin que nous nous portons et en faisant taire notre critique intérieure. Grâce au soutien de la mer, nous pouvons apprendre à être plus doux envers nous-mêmes et envers les autres.

Tout le jeu vous invite à pratiquer l'autocompassion, mais ce thème vous mène au plus près des trois éléments essentiels, identifiés par le Dr Kristin Neff, chercheure et pionnière dans l'étude de l'autocompassion: la pleine conscience (être présents à nos émotions et à notre expérience), la bienveillance (être bons envers nous-mêmes) et l'humanité commune (savoir que notre souffrance est une expérience humaine partagée).

LÂCHER PRISE

IMAGE DE FOND :
Des bulles remontent du plus profond de l'océan, tandis que la lumière nous appelle à la surface.
COULEUR : bleu sarcelle

VERTUS DE L'OCÉAN :
équilibre, courage, écoute, libération, légèreté, foi, clarté, félicité, pardon, fluidité, espace, état sauvage.

MANTRA DE LA MER POUR LÂCHER PRISE :

Comme la mer, je vais et je viens, je m'élève et retombe.
Je me confronte à la peur avec compassion
et revendique mon parcours.
J'exprime ma vérité et je suis entendu(e).
En m'abandonnant, je suis porté(e).
En m'élevant, mon âme s'allège.
J'ai foi en l'océan qui me soutient.
D'ici à l'horizon, ma perception s'éclaircit.
Je suis tendrement là – et avec toi.
Dans l'eau, je pardonne, me libère et renais.
Je vais de l'avant, tel le ruisseau qui coule vers la mer.
Je suis aussi vaste que l'océan.
Je libère mon esprit sauvage.

Nous nous tournons instinctivement vers l'océan lorsque nous devons lâcher prise. En nous allégeant, nous pouvons alors écouter nos connaissances les plus profondes, pratiquer la pleine conscience, prendre soin de nous et explorer de nouvelles possibilités. Nous expérimentons à la fois la perte et l'espoir.

Ce thème vous pousse vers le changement positif en vous libérant de ce qui ne vous sert plus, qu'il s'agisse de comportements, de relations, d'objets ou de vieilles croyances… Il vous aide à acquérir une vision, à trouver la foi et le courage, à vous ouvrir à de nouveaux horizons et à progresser à nouveau.

ALLER DE L'AVANT

IMAGE DE FOND :
Une jetée en bois s'avance dans des eaux cristallines vert-bleu.

COULEUR : vert

VERTUS DE L'OCÉAN :
Imagination, puissance, commencement, espoir, croyance, décision, voyage, curiosité, dépassement, éclat, persistance, amour.

MANTRA DE LA MER POUR ALLER DE L'AVANT :

Je visualise mon rêve en train de se réaliser.
Chaque respiration est un nouveau commencement.
Avoir foi en l'océan, c'est avoir foi en moi-même.
Les désirs de mon âme me poussent à avancer.
L'aventure m'appelle, pour être la mer.
Je découvre le monde et moi-même d'un œil neuf.
L'espoir est le vent qui souffle dans ma voile.
Je m'étire pour m'ouvrir, m'adoucir et grandir.
Je vais de l'avant, quand je m'élève et me repose.
Je contiens en moi la puissance de l'océan.
L'amour est une force inépuisable qui me guide.
En brillant, j'illumine le chemin pour les autres.

La mer est une ode à l'aventure et aux horizons inexplorés. Elle enflamme notre imagination, inspire notre créativité et nous encourage à nous éloigner du continent pour explorer de nouveaux mondes.

Ce thème vous aide à envisager une nouvelle voie, à vous connecter aux désirs de votre âme et à développer vos forces. Il vous encourage à faire vos premiers pas, à plonger et à continuer de nager. Il vous invite à suivre vos rêves les plus fous, à affirmer votre pouvoir personnel et, ce faisant, à inspirer les autres à en faire de même.

ÉPROUVER GRATITUDE ET ÉMERVEILLEMENT

IMAGE DE FOND :
Un soleil doré se lève derrière les collines, au loin, et les nuances roses et mauves du ciel se reflètent dans la mer.
COULEUR : lilas

VERTUS DE L'OCÉAN :
réception, acceptation, gratitude, vitalité, joie, jeu, beauté, liberté, profondeur, aisance, magie, émerveillement.

MANTRA DE LA MER POUR LA GRATITUDE ET L'ÉMERVEILLEMENT :

Mon âme est prête à recevoir.
J'accepte la vérité, merveilleuse et tendre,
qui régit toute chose.
Ma gratitude croît à mesure que je reconnais
les cadeaux de la vie.
Je suis ici pour vivre pleinement.
Ma joie projette des ondes de lumières dansantes.
Je suis guidé(e) par mon enfant intérieur.
Dans la beauté qui m'entoure, je vois mon reflet.
Dans la mer, tout le monde est libre.
Je m'aventure au plus profond de mon âme.
En simplifiant, je trouve l'apaisement.
Je me fais confiance, car je suis magique.
Je cherche partout l'émerveillement.

L'envergure et la beauté de l'océan éveillent notre sens de l'émerveillement et nous inspirent de la gratitude pour tout ce que la nature nous offre. La gratitude peut favoriser notre bien-être, l'estime que nous nous portons, la générosité et la connexion aux autres. L'émerveillement élargit notre perception du temps. Il nous détache du stress quotidien et nous aide à voir les choses avec un regard neuf.

Ce thème vous encourage à chercher la joie et l'émerveillement. Il vous invite à faire une pause et à vous réjouir de tous les cadeaux que vous pourrez trouver autour et à l'intérieur de vous, mais aussi à suivre votre félicité.

Les cartes

Vertus de l'océan pour l'autocompassion

Permission, appartenance, compassion, contentement, immensité, retenue, pause, présence, reflet, résilience, révélation, apaisement.

PERMISSION

Fonds-toi dans
ce qui est.

RÉFLEXION : la mer ne peut être combattue, contrôlée ou maîtrisée. Les vagues ne peuvent être arrêtées. Lorsque tu es dans l'eau, la traversée est plus facile en te laissant porter. Dès lors que tu cesses de lui résister, tu te fondes dans la légèreté et trouves le pouvoir de remonter.

BÉNÉDICTIONS : Puisses-tu céder. Puisses-tu te libérer du jugement. Puisses-tu te permettre d'aimer. Puisses-tu laisser la force des vagues te porter.

MANTRA : Je fais de la place pour accueillir l'expérience.

APPARTENANCE

Sache t'accueillir
chez toi.

RÉFLEXION : la mer ne juge pas. Elle ne demande aucune preuve de ton statut ni de tes qualifications pour t'accueillir. Entre dans la mer et tu seras accepté·e. Au cœur de l'immense diversité de la vie océanique se trouve un monde où te sentir comme à la maison.

BÉNÉDICTIONS : Puisse ta communauté être bienveillante. Puisses-tu voir la force dans la différence. Puisses-tu être accepté·e tel·le que tu es. Puisses-tu avant tout t'appartenir à toi-même.

MANTRA : Tout ce que je suis trouve ici sa place.

COMPASSION

Veille à
la souffrance.

RÉFLEXION : battue par les bourrasques, la mer peut être impitoyable et cruelle. Lorsqu'elle est calme, elle peut t'accueillir totalement. L'amour comme la peur peuvent mettre en évidence ta propre vulnérabilité et le désir d'atténuer le tourment.

BÉNÉDICTIONS : Puisses-tu percevoir la vulnérabilité des autres. Puisse ton cœur s'ouvrir. Puisses-tu prendre soin de toi avec une bonté infinie. Puisses-tu aimer par tous les temps.

MANTRA : J'accepte la souffrance avec courage et bienveillance.

CONTENTEMENT

Sois exactement
tel·le que tu es.

RÉFLEXION : la mer repousse ses limites. Elle qui ne doit rien à personne offre à tous de vastes possibilités. Comprendre combien elle s'autosuffit te permet de cesser de vouloir prouver ta propre valeur. Elle t'invite à te réjouir d'être tel·le que tu es.

BÉNÉDICTIONS : Puisses-tu cesser les comparaisons inutiles et les attentes impossibles. Puisses-tu repousser tes belles limites. Puisses-tu te satisfaire de ce qui est magnifiquement adéquat.

MANTRA : Je suis digne d'amour tel·le que je suis.

IMMENSITÉ

Connecte-toi
au tout.

RÉFLEXION : ton corps comprend qu'il est principalement constitué de particules d'eau, qui circulent en tout, qui se connectent à tout et qui acceptent tout. L'horizon est infini et les profondeurs abyssales.
Ta capacité à t'enrichir et à évoluer est aussi inclusive qu'illimitée.
BÉNÉDICTIONS : Puisses-tu élargir ta perspective. Puisses-tu franchir les obstacles et les limites. Puisses-tu t'ouvrir. Puisses-tu évoluer.
MANTRA : Nous sommes la goutte d'eau, la rivière et la mer infinie.

RETENUE

Ressens la caresse
de l'océan.

RÉFLEXION : une mer calme est telle une tendre caresse ou une étreinte universelle. Tous les océans et les mers du monde semblent s'unir pour t'enlacer. Ici et là, tu es libre d'être tout ce que tu es et d'éprouver tous les sentiments que tu désires.
BÉNÉDICTIONS : Puisses-tu trouver ton sanctuaire. Puisse la compassion te guérir. Puisses-tu laisser des bras t'enlacer tendrement. Puisses-tu être un port d'attache sûr pour les autres et pour toi-même.
MANTRA : La mer me porte avec douceur.

PAUSE

Que des moments de calme te soutiennent.

RÉFLEXION : chaque visite au bord de la mer est l'occasion de faire une trêve et de contempler. C'est marquer une pause en pleine conscience. Faire un pas loin du tumulte pour se rapprocher de la paix. Un sillon de quiétude qui guide ton prochain mouvement.

BÉNÉDICTIONS : Puisses-tu vivre un moment de calme. Puisses-tu respirer profondément. Puisses-tu examiner attentivement les choses. Puisses-tu considérer la pause comme un progrès.

MANTRA : Dans ce moment calme face à l'océan, je trouve la paix.

PRÉSENCE

Éprouve le frisson du ressac.

RÉFLEXION : la mer est une source constante pour te revigorer. C'est une sensation dans tout ton corps qui te ramène à l'instant présent. Elle t'invite à te sentir vivant·e dans son souffle, son onde, sa sensation et son mouvement. Elle sonde le pouls de ton âme et t'intime de revendiquer ton être.

BÉNÉDICTIONS : Puisses-tu être là, maintenant. Puissent tous tes sens être sollicités. Puisses-tu te réjouir des détails en toute chose et vivre pleinement ta précieuse vie.

MANTRA : Je suis présent·e en pleine conscience.

REFLET

Sache faire la part
des choses.

RÉFLEXION : la mer connaît tous les temps. Au plus fort de la tempête, ses hauts et ses bas peuvent cacher tes vérités. En revanche, lorsqu'elle est calme, sa surface te ramène à toi-même, car elle reflète alors tes actions, observe tes ondulations et met en lumière les courants qui te portent.

BÉNÉDICTIONS : Puisse la tempête passer. Puisses-tu trouver l'espace pour réfléchir. Puisses-tu connaître l'espoir et la transformation.

MANTRA : Mon regard sur moi est lucide et plein de compassion.

RÉSILIENCE

Que ton âme survive
aux tempêtes.

RÉFLEXION : les galets, tourmentés par les vagues, résistent. Échoués sur la plage, lustrés par la mer, ils brillent. Solides, ils affrontent le retour inévitable des vagues et prouvent que dans le ressac incessant, les rochers les plus durs deviennent lisses.

BÉNÉDICTIONS : Puisses-tu être irrépressible. Puissent les aléas de la vie te permettre de te forger une vie pleine d'audace. Puisses-tu tendre à la résilience dans l'accalmie entre deux marées.

MANTRA : Alors que les défis me façonnent, mon âme brille.

RÉVÉLATION

Laisse l'ouverture te mener à la connexion.

RÉFLEXION : il y a toujours un risque à exposer ta vérité la plus crue et la plus tendre à l'immensité de l'eau, car il faut affronter l'inconnu, la peur de la honte, la déception et l'échec. Mais cette intégrité pleine d'audace et cette belle vulnérabilité favorisent le courage et la connexion.

BÉNÉDICTIONS : Puisses-tu favoriser la transparence. Puisses-tu trouver une oreille de confiance pour accueillir tes vérités. Puisses-tu trouver la force dans la vulnérabilité. et te libérer de ce qui ne te sert plus.

MANTRA : Je découvre ce qui était caché.

APAISEMENT

Trouve le calme, malgré le fracas des vagues.

RÉFLEXION : bercé sous les vagues, le fond de la mer est silencieux et calme et le contact de la mer sur ta peau est doux. D'ici, tu vois la tempête qui sévit et les rouleaux qui déferlent au-dessus, en te disant que tout passe un jour.

BÉNÉDICTIONS : Puisses-tu t'adoucir dans des émotions tendres. Puisses-tu trouver la tranquillité au plus profond de toi. Puisses-tu t'autoriser le bien-être et le répit.

MANTRA : Je respecte mes besoins, en sachant que chaque vague finit par passer.

Vertus de l'océan pour lâcher prise

Équilibre, félicité, clarté, courage, foi, fluidité, pardon, écoute, légèreté, libération, espace, état sauvage.

ÉQUILIBRE

Trouve l'équilibre
dans le mouvement.

RÉFLEXION : la mer t'enseigne l'équilibre dans un mouvement permanent. Pas d'immobilité parfaite, mais une harmonie dans la danse gracieuse du flux et du reflux. Les jambes battent sous l'eau. Le corps, soutenu en douceur, glisse à la surface.

BÉNÉDICTIONS : Puisses-tu recevoir et donner en retour. Puisses-tu honorer les cycles et t'offrir le même soutien que celui que tu offres aux autres. Puisse ton cœur être impartial quand on te pose une question.

MANTRA : Comme la mer, je vais et je viens, je m'élève et retombe.

FÉLICITÉ

Vis intensément et
transcende ta vie.

RÉFLEXION : en enlaçant notre peau chaude de son eau fraîche, l'océan nous fait un cadeau doux-amer qui nous réjouit autant qu'il nous peine. Si l'amour ne va pas sans le chagrin, ni le courage sans la vulnérabilité, la félicité est une transcendance temporaire et une expérience humaine intense.

BÉNÉDICTIONS : Puisses-tu oser vivre pleinement. Puisses-tu respirer dans l'intensité. Puisses-tu découvrir ce qui te met en joie. Puisses-tu te risquer à aimer.

MANTRA : Je suis tendrement là – et avec toi.

CLARTÉ

Vois les choses telles qu'elles sont.

RÉFLEXION : les turbulences brouillent la mer. Le limon qui tournoie camoufle l'écosystème dans lequel tu vis. Les eaux limpides de la mer illuminent à nouveau ce qui a été caché. Elles révèlent la vérité de ce que tu es maintenant et créent un espace pour ce qui t'attend.

BÉNÉDICTIONS : Puisses-tu accueillir la transparence. Puisses-tu percevoir le contexte dans son ensemble. Puisse ta lucidité éclaircir l'horizon. Puisses-tu être lumineux et infini.

MANTRA : D'ici à l'horizon, ma perception s'éclaircit.

COURAGE

Laisse chaque vague qui se brise forger ton courage.

RÉFLEXION : la mer espère que tu puisses voir ta force en chaque vague qui se brise sur ton chemin. Cela prouve ta résilience dans l'épreuve et ton souhait de gagner, coup après coup, en courage. Elle te demande jusqu'où tu es capable d'aller dans la réalisation de toi-même.

BÉNÉDICTIONS : Puisses-tu faire fi de toute prudence. Puisses-tu trouver dans la mer le courage. Puisses-tu faire preuve d'audace.

MANTRA : Je me confronte à la peur avec compassion et revendique mon parcours.

FOI

Calme tes peurs en accordant ta confiance.

RÉFLEXION : dans la mer, tu renonces au contrôle. Face à tes qualités imparfaites, tu t'en remets à la foi pour calmer tes peurs et tu laisses l'eau te porter. Même de retour du plus court des voyages téméraires, un reliquat de confiance brille sur ta peau.

BÉNÉDICTIONS : Puisses-tu avancer courageusement vers l'inconnu. Puisses-tu savoir que tu es aimé·e, quelle que soit l'issue. Puisses-tu rapporter à terre l'espoir pour les autres. Puisses-tu te faire confiance.

MANTRA : J'ai foi en l'océan qui me soutient.

FLUIDITÉ

Varie et transforme-toi.

RÉFLEXION : la mer bouge sans cesse. Elle varie, s'adapte, répond et trouve toujours sa voie. Être pleinement dans la mer, c'est savoir accueillir le flux constant de la vie et trouver la force en toi de te métamorphoser.

BÉNÉDICTIONS : Puisses-tu trouver la flexibilité. Puisses-tu voir ton potentiel. Puisses-tu découvrir ta force dans le mouvement et le flux. Puisses-tu t'adapter. En buvant l'eau, en y pensant et en la regardant, puisses-tu être eau.

MANTRA : Je vais de l'avant, tel le ruisseau qui coule vers la mer.

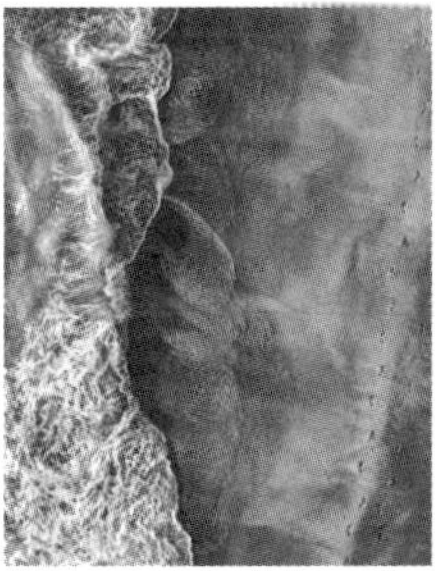

PARDON

Laisse aller.

RÉFLEXION : la mer vide l'esprit et le cœur du ressentiment et de la culpabilité. Elle apaise la douleur du reproche et efface l'échec. Dans l'eau, la vulnérabilité humaine, si tendre, ne peut être dissimulée. Chaque vague nous rappelle à notre capacité à nous libérer et nous renouveler.

BÉNÉDICTIONS : Puisses-tu réussir à libérer la colère. Puisses-tu reconnaître que tu as fait tout ce que tu as pu. Puisses-tu réécrire les histoires qui te font du mal.

MANTRA : Dans l'eau, je pardonne, me libère et renais.

ÉCOUTE

Laisse le vent porter ton appel courageux.

RÉFLEXION : la mer te pousse à endurer, à faire du surplace et à lutter pour survivre. Pourtant, au plus profond du combat, tu trouves le courage de demander de l'aide. En partageant tes leçons et en acceptant la main tendue à travers les eaux calmes, ta force touche tout le monde.

BÉNÉDICTIONS : Puisses-tu être assisté·e et être soutenu·e par une communauté aimante. Puissent tes épreuves te montrer la voie de l'espoir et de la détermination.

MANTRA : J'exprime ma vérité et je suis entendu·e.

LÉGÈRETÉ

Laisse-toi attirer à la surface par la lumière.

RÉFLEXION : en flottant sur la mer, ton cœur peut percevoir l'intégralité du ciel lumineux. En te libérant de ton appréhension des remous à venir, tu parviens à flotter et ton âme est portée par de douces vagues de grâce et de rire.

BÉNÉDICTIONS : Puisses-tu te réjouir de trouver la paix au-dessus, même si les eaux bougent sous toi. Puisses-tu changer de perspective. Puisse ta joie te pousser à t'élever encore plus haut.

MANTRA : En m'élevant, mon âme s'allège.

LIBÉRATION

Dépose tes fardeaux.

RÉFLEXION : la mer offre l'apesanteur à un cœur lourd. Dans l'eau, tu parviens peu à peu à lâcher prise. Baigne ton chagrin douloureux. Laisse les vagues ôter ta tension et te libérer.

BÉNÉDICTIONS : Puisses-tu te radoucir. Puisses-tu te libérer de tout ce qui ne te sert plus. Puisses-tu être purifié·e. Puisses-tu progresser.

MANTRA : En m'abandonnant, je suis porté·e.

ESPACE

Laisse ton cœur et
ton champ s'agrandir.

RÉFLEXION : la haute mer s'étend jusqu'à l'horizon, offrant une vision d'espace infini. En haut comme en bas : elle est semblable à une toile de fond vierge. D'ici à l'horizon, ton champ peut s'agrandir. Tu peux bouger sans restriction, occuper l'espace et être libre.

BÉNÉDICTIONS : Puisses-tu vider ton esprit. Puisses-tu avoir plus de temps. Puisses-tu élargir ta perspective et percevoir les infinies possibilités. Puisses-tu voyager sans contraintes.

MANTRA : Je suis aussi vaste que l'océan.

ÉTAT SAUVAGE

Exprime tout
ce que tu es.

RÉFLEXION : la mer reconnaît la beauté brute de l'animal en chacun de nous. En reconnaissant le désir de tout ressentir, de tout être, d'être libre et sans entraves, elle te pousse à l'état sauvage.

BÉNÉDICTIONS : Puisses-tu te libérer des contraintes et de l'inhibition. Puisses-tu adopter la spontanéité. Puisses-tu rugir parmi les vagues, danser en t'abandonnant joyeusement et incarner tout ce que tu peux être.

MANTRA : Je libère mon esprit sauvage.

Vertus de l'océan pour aller de l'avant

Commencement, croyance, curiosité, décision, espoir, imagination, voyage, amour, persistance, puissance, éclat, dépassement.

COMMENCEMENT

Lance-toi comme si tu avais déjà commencé.

RÉFLEXION : à l'instant où tu vois la mer, respire l'air salé et va toucher le bord. Lorsque tu goûtes à la promesse de renouveau, écoute la peur et les questions. Dès que tu envisages de commencer, tu as déjà amorcé le mouvement.

BÉNÉDICTIONS : Puisses-tu faire le prochain pas, comme s'il avait déjà été fait. Puisse une respiration profonde te faire avancer. Puissent tes peurs se dissiper au lever du soleil.

MANTRA : Chaque respiration est un nouveau commencement.

CROYANCE

Laisse la mer approfondir ta foi.

RÉFLEXION : entrer dans la mer, c'est envisager quelque chose de plus grand que toi et laisser place à ta grandeur. Ton âme sait qu'au même titre que tu as besoin d'eau, tu es eau.

BÉNÉDICTIONS : Puisse ta valeur être incontestable. Puisses-tu revendiquer ta place dans le monde. Puisses-tu être toujours là pour toi. Puisses-tu croire en toi.

MANTRA : Avoir foi en l'océan, c'est avoir foi en moi-même.

CURIOSITÉ

Ouvre-toi et explore.

RÉFLEXION : la mer se renouvelle à chaque instant et t'invite à de nouvelles explorations. Elle t'exhorte à t'émerveiller du renouveau du monde et de toi-même, sans t'attacher à aucune attente, aucune conjecture, ni aucun jugement.

BÉNÉDICTIONS : Puisses-tu incarner la curiosité enfantine. Puisses-tu poser des questions et donner des réponses. Puisses-tu témoigner sans critiquer. Puisses-tu être curieux et unique.

MANTRA : Je découvre le monde et moi-même d'un œil neuf.

DÉCISION

Navigue vers ton objectif.

RÉFLEXION : même si tu es résolument décidé·e à plonger dans la mer, tu évites de penser à l'eau qui t'entoure. Conscient·e de ce que tu veux vivre et recevoir, tu connais tes intentions les plus profondes, tu es sensible aux changements et prêt·e à prendre la prochaine mesure.

BÉNÉDICTIONS : Puissent tes instincts être ta boussole en toutes circonstances. Puisses-tu connaître les désirs de ton âme et les poursuivre courageusement.

MANTRA : Les désirs de mon âme me poussent à avancer.

ESPOIR

Que l'horizon
te soutienne.

RÉFLEXION : l'espoir est un désir d'océan – l'excitation de l'allégresse face à une mer chatoyante. C'est savoir en ton for intérieur que les vagues vont revenir. C'est trouver l'endroit où celles-ci se brisent plus doucement pour te laisser passer.

BÉNÉDICTIONS : Puissent tes désirs venir du cœur. Puisse l'espoir te soutenir, dans les jours les plus gris et sombres. Puisses-tu anticiper avec amour et foi.

MANTRA : L'espoir est le vent qui souffle dans ma voile.

IMAGINATION

Vois au-delà
du visible.

RÉFLEXION : le monde sous-marin reflète ton imagination : riche de pulsions instinctives, d'idées et d'émotions. Immergé·e, tu peux voir à l'intérieur, derrière et au-delà de ton expérience actuelle et explorer sans crainte de nouvelles possibilités.

BÉNÉDICTIONS : Puisses-tu imaginer cela. Puisses-tu être mu·e par des rêves et une intuition pleins d'audace. Puisse ta créativité s'exprimer. Puisses-tu voir le possible dans l'impossible.

MANTRA : Je visualise mon rêve en train de se réaliser.

VOYAGE

Pars à l'aventure.

RÉFLEXION : la mer te pousse à l'aventure – à aller plus loin, dedans comme dehors. Que ce soit en collant un coquillage à ton oreille pour en percer le mystère ou en découvrant un nouvel horizon, la mer t'encourage à explorer, à franchir les frontières, à chercher et à découvrir chaque jour ton périple héroïque.

BÉNÉDICTIONS : Puisses-tu trouver les occasions de progresser et voyager loin. Puissent tes obstacles prouver ta capacité à les surmonter.

MANTRA : L'aventure m'appelle, pour être la mer.

AMOUR

Plonge au cœur de tes passions.

RÉFLEXION : la mer est une séductrice. Perçue comme une âme sœur ou un appel sacré, elle réclame soin et engagement, mais aussi foi que dans chaque bourrasque se trouve une leçon vitale. Aimer, c'est approfondir ta compréhension de toi-même à chaque marée.

BÉNÉDICTIONS : Puissent la tendresse et la ténacité survivre aux orages. Puissent tes passions t'enseigner d'exquises vérités. Puisses-tu t'aimer aussi farouchement que tu aimes les autres.

MANTRA : L'amour est une force inépuisable qui me guide.

PERSISTANCE

Que tes ondulations deviennent houle.

RÉFLEXION : que l'orage sévisse ou que les eaux calmes viennent embrasser la côte, les vagues avancent toujours vers la rive. Que tu aies décidé ou pas de nager, la mer continue de bouger. Vague après vague, elle monte et descend, s'élève et se repose.
BÉNÉDICTIONS : Puisses-tu déterminer ta destination. Puissent de petits pas te faire avancer. Puisses-tu poursuivre ton voyage avec persévérance et ténacité, en te reposant tout en t'élevant.
MANTRA : Je vais de l'avant, quand je m'élève et me repose.

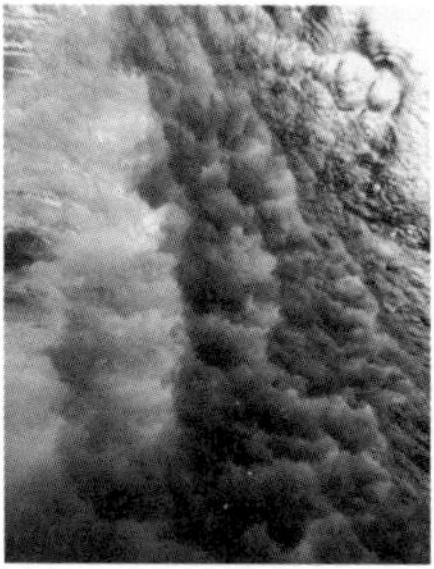

PUISSANCE

Sois aussi puissant·e que l'océan.

RÉFLEXION : le pouvoir de la mer est immense et puissant. Elle peut dévaster et remodeler le monde sur son passage. Elle peut contenir des miracles, receler la plus petite forme de vie, évoluer et alimenter tout un écosystème. La mer a le pouvoir de nourrir et de détruire.
BÉNÉDICTIONS : Puisses-tu connaître ton propre pouvoir. Puisses-tu permettre à tes talents d'être vus. Puisses-tu croire en ta capacité de tout changer pour le meilleur.
MANTRA : Je contiens en moi la puissance de l'océan.

ÉCLAT

Sois un phare
dans la nuit.

RÉFLEXION : dans la mer, en vivant pleinement chaque vague, tu es lumineux·se. Baigné·e de lumière, l'eau étincelant sur ta peau, tu es vivant·e et frissonnes à l'idée d'affronter encore et encore la peur. En te battant, tu inspires tous ceux qui t'entourent à être plus courageux·se.

BÉNÉDICTIONS : Puisses-tu être vu·e, connu·e et compris·e. Puisses-tu être l'inspiration que tu recherches. Puisses-tu plonger encore plus profondément dans l'éclat.

MANTRA : En brillant, j'illumine le chemin pour les autres.

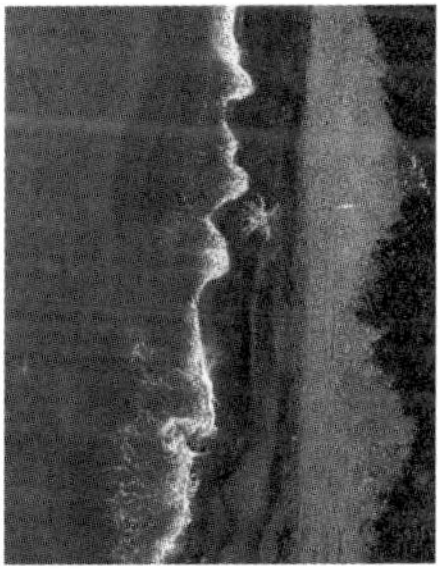

DÉPASSEMENT

Étends ta
portée.

RÉFLEXION : la mer teste ta volonté de grandir, ta capacité à bouger et les limites de ton endurance. Elle t'intime de quitter la sécurité de ta terre familière et d'explorer l'espace entre ton désir de changer et ta capacité à atteindre des territoires inconnus.

BÉNÉDICTIONS : Puisses-tu évoluer. Puisses-tu t'autoriser à être plus. Puisses-tu dépasser tes croyances actuelles. Puisses-tu découvrir souplesse et force.

MANTRA : Je m'étire pour m'ouvrir, m'adoucir et grandir.

Qualités de l'océan pour la gratitude et l'émerveillement

Acceptation, vitalité, émerveillement, beauté, profondeur, aisance, liberté, gratitude, joie, magie, jeu, réception.

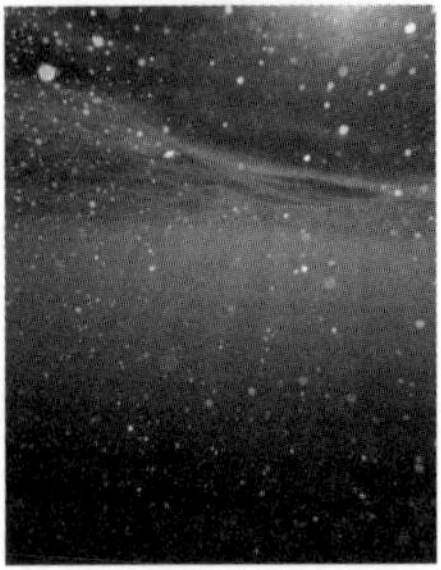

ACCEPTATION

Sache recevoir les choses telles qu'elles viennent.

RÉFLEXION : le temps tisse les vagues, et les marées sont créées par la Lune. La mer est n'est ni tout à fait la même ni tout à fait une autre. Parfois, elle fait cadeau d'une eau calme sur du sable chaud. D'autres fois, il faut savoir le trouver dans la houle qui te repousse des rochers.

BÉNÉDICTIONS : Puisses-tu faire la paix avec l'instant présent. Puisses-tu demander et accepter. Puisses-tu accueillir le cadeau en toute chose, y compris en toi-même.

MANTRA : J'accepte la vérité, merveilleuse et tendre, qui régit toute chose.

VITALITÉ

Réjouis-toi dans la vitalité.

RÉFLEXION : la mer est une sensation globale, une vitalité exubérante, un mouvement constant. C'est dépasser sciemment les limites. Entrer dans une mer froide revient à connaître celles de son corps et de sa capacité mentale. C'est aussi choisir de vivre un peu de ta vie ici et maintenant.

BÉNÉDICTIONS : Puisses-tu poursuivre l'aventure. Puisses-tu tester tes limites. Puisses-tu ressentir toutes les émotions. Puisses-tu aimer, oser, frissonner.

MANTRA : Je suis ici pour vivre pleinement.

ÉMERVEILLEMENT

En chaque jour,
vois ce qui est sublime.

RÉFLEXION : savoir prendre conscience que l'eau est arrimée à la terre, que les marées suivent les cycles lunaires, que l'horizon est plat, mais que la Terre est ronde, c'est s'émerveiller. Dans l'insondable magnificence de la mer gît le mystère de notre propre existence.

BÉNÉDICTIONS : Puisses-tu voir en chaque jour ce qui est sublime. Puisses-tu t'émerveiller dans la vie. Puisses-tu dépasser toutes les futilités, les querelles ou les critiques. Puisses-tu voir les miracles.

MANTRA : Je cherche partout l'émerveillement.

BEAUTÉ

Perçois à nouveau le sens
artistique de la nature.

RÉFLEXION : la mer déclare sa beauté élémentaire dans chaque subtil changement de décor. Elle varie selon le lieu et l'instant. Sans cesse, la mer devient le ciel et le ciel se fond dans la mer, tel un portrait peint par la nature sur la connexion et la plénitude indissociables.

BÉNÉDICTIONS : Puisses-tu voir le sens artistique en tout. Puisses-tu trouver de la beauté dans les moindres différences. Puisses-tu voir ta propre beauté se refléter dans celle des autres.

MANTRA : Dans la beauté qui m'entoure, je vois mon reflet.

PROFONDEUR

Immerge-toi et
va plus profond.

RÉFLEXION : au fond de la mer, l'intuition est décuplée : des mouvements plus lents, presque plus aucun son, outre les battements de ton cœur et ta respiration. Les rayons de lumière servent de projecteurs mouvants. Tu plonges au cœur de toi-même, vers l'inconnu.

BÉNÉDICTIONS : Puisses-tu voyager au plus profond de toi. Puisses-tu te reconcentrer. Puisses-tu voir au-delà des relations de cause à effet et atteindre le cœur du problème.

MANTRA : Je m'aventure au plus profond de mon âme.

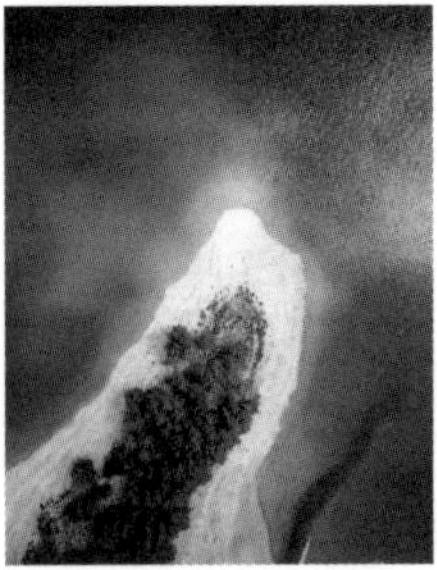

AISANCE

Fais le moins
d'efforts possibles.

RÉFLEXION : s'étirer dans une mer tranquille, c'est connaître l'aisance. C'est nager en suivant le courant et non en allant contre. Avoir confiance dans les vagues pour qu'elles te poussent doucement vers la terre. Suffisamment pour te reposer et te libérer. Respirer dans la tranquillité.

BÉNÉDICTIONS : Puisses-tu être guidé par la simplicité. Puisses-tu savourer la sérénité. Puisse ton voyage avancer sans heurts. Puisses-tu t'autoriser à te déployer.

MANTRA : En simplifiant, je trouve l'apaisement.

LIBERTÉ

Laisse ton âme
chanter librement.

RÉFLEXION : nager d'océan en océan, suivre tes propres courants et te reposer entre les marées, posséder le temps, c'est apprécier pleinement le privilège d'avoir la liberté de choisir. La mer atteste ton droit de contrôler ton destin, même dans un monde sur lequel tu n'as que peu d'influence.

BÉNÉDICTIONS : Puisse ta vie être tienne. Puisses-tu avoir foi en ton indépendance. Puissent ton amour et tes choix être infinis. Puisses-tu rejeter le contrôle, clamer ta liberté et libérer les autres.

MANTRA : Dans la mer, tout le monde est libre.

GRATITUDE

Honore tout
ce que tu reçois.

RÉFLEXION : aimer la mer, c'est exprimer de la gratitude. Lorsque tu prends conscience de ce don, des nombreuses offrandes qui te sont faites chaque jour et de la vulnérabilité de ta vie, ton âme reçoit avec gratitude ta reconnaissance et ta présence.

BÉNÉDICTIONS : Puisses-tu vivre pleinement l'instant présent. Puisses-tu dire merci librement et souvent. Puissent tes dons être vus, reconnus et appréciés.

MANTRA : Ma gratitude croît à mesure que je reconnais les cadeaux de la vie.

JOIE

Poursuis ce qui t'enflamme.

RÉFLEXION : que tu éprouves de la joie face à l'immense beauté de la mer, en écho à son appel au jeu, à la connexion, la liberté, la foi ou l'appartenance ou bien du fait de la vitalité exaltante que ta propre survie déclenche, la mer te rappelle de poursuivre ce qui t'enflamme.

BÉNÉDICTIONS : Puisse ton plaisir être facile. Puisse ton sourire être large et ton rire éclatant. Puisse ton bonheur créer de joyeuses ondulations et enchanter ce voyage.

MANTRA : Ma joie projette des ondes de lumières dansantes.

MAGIE

Vogue avec le divin.

RÉFLEXION : en pénétrant la mer, la lumière crée une glorieuse alchimie. En entrant dans le monde, toi aussi crée ta propre magie. En invitant le soleil et la lune – l'être et l'âme – dans le rituel transformateur des marées, la mer évoque ton sens inné pour synthétiser, transformer et convoquer les choses.

BÉNÉDICTIONS : Puisses-tu te fier à tes instincts. Puisses-tu te connecter au flux divin. Puissent tes plus grands espoirs se réaliser. Puisses-tu connaître le pouvoir de ta magie.

MANTRA : Je me fais confiance, car je suis magique.

JEU

Cherche l'amusement et le lien.

RÉFLEXION : la mer attire les enfants de tous âges, qui ont envie de jouer dans l'eau. Promesse joyeuse de jouer sans contrainte, sans gêne ni jugement. En acceptant de t'amuser, tu rejettes les limites et tu t'ouvres à la nouveauté, à l'apprentissage et à l'évolution.

BÉNÉDICTIONS : Puisses-tu en finir avec les inhibitions et les idées préconçues. Puisses-tu connaître la joie. Puisses-tu être empreint·e d'un émerveillement curieux.

MANTRA : Je suis guidé·e par mon enfant intérieur.

RÉCEPTION

Sache que tu es digne de ce cadeau.

RÉFLEXION : le miracle de la mer n'est ni acquis ni dû. C'est une offrande, donnée et reçue sans contraintes. Une présence constante qui t'offre le choix suivant : nier ta valeur innée et refuser le cadeau ou l'accepter avec gratitude.

BÉNÉDICTIONS : Puisses-tu te débarrasser du doute, de la critique et du sentiment d'insatisfaction. Puisses-tu ouvrir ton cœur pour recevoir. Puisses-tu connaître ta vraie valeur.

MANTRA : Mon âme est prête à recevoir.

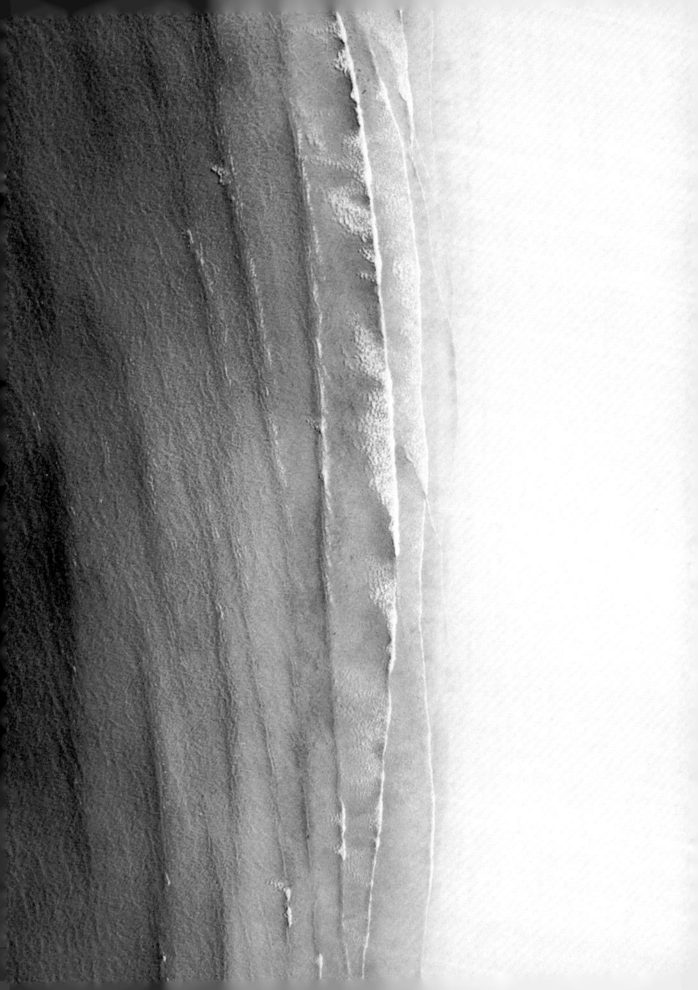